내 삶의 연가

내 삶의 연가

황갑윤 시집

해암

| 서문 |

나의 人生길에서
걸어온 삶의 발자국을
시집에 담아서
세상에 내 놓습니다.

살아온 세월만큼
이제는 詩의 세계에서도
성숙의 시간이 되었습니다.

문학의 장르에서
「시 창작의 세계」 속에
나의 무수한 이야기를 담았습니다.

지금까지 뼈저리게 느낀 것은
그 무엇과도 바꿀 수 없는 너무나 소중한
아버지 어머니의 사랑이었습니다.

그러나 자연을 완전히 소유하는
생명체는
세상 천지 어디에도 존재 할 수 없습니다.

태어난 모든 생물체는
이땅에
살아있는 동안
자연에서 모든 것을
잠시 빌려 쓰다가 떠나가는
나그네입니다.

우리가 진정으로
소유해야 할 것은 물질이
아니고
아름다운 마음입니다.

그리고 저와 소중한 인연을 맺어온
모든 분들 시집 발간을 위해
지원해주신 분들 모두에게
고맙다는 인사를 올립니다.

2019년 5월
황갑윤

황갑윤 시집

1부

시간 _ 15
도시의 얼굴 _ 16
늙은 호박 _ 17
내 생일날 _ 18
가을 곶감 _ 19
골짜기 물 _ 20
노파와 밤바다 _ 21
도시의 지렁이 _ 22
파도 1 _ 24
파도 2 _ 25
백령도 서해바다 _ 26
인력사무소 _ 27
해를 낳은 바다 _ 28
그리운 시절 _ 29
집 _ 30
국화꽃 앞에서 _ 31
엄마의 바다 _ 32
의미 意味 _ 34

내 삶의 연가

2부

하얀 포말 _ 37
승천의 꿈 _ 38
어촌마을 _ 39
삶이란 _ 40
대마도의 푸른 바다 _ 41
길 _ 42
살다 보니 _ 43
골목길 _ 44
한 남자를 보면서 _ 45
장미 타살 _ 46
악수 _ 47
고향 _ 48
해녀의 노래 _ 49
청년의 꿈 _ 50
몰운대 1 _ 52
몰운대 2 _ 53
허전함 _ 54
예쁜 손자 손녀 _ 55
꽃 _ 56

황갑윤 시집

3부

안개꽃 _ 59
수건 _ 60
비누 _ 61
순풍을 기다리는 바다 _ 62
파도야 _ 63
꽃샘추위 _ 64
낙동강 _ 65
삶의 자유 _ 66
새벽기도 _ 67
콩 타작 _ 68
꽃 _ 69
낮달 _ 70
너는 _ 71
들꽃 _ 72
바람아 불어라 _ 73
만추 晩秋 _ 74
밤비 _ 75

4부

그리움 _ 79
꽃등심 _ 80
병마 _ 81
겨울 바다 _ 82
세월 _ 83
장미 한 송이의 고백 _ 84
소나무 _ 85
을숙도 1 _ 86
을숙도 2 _ 87
바지락 _ 88
소금 _ 89
기다림 _ 90
삶 _ 91
타인 _ 92
흔적 _ 93
소년과 아버지 _ 94
목련꽃 _ 95
풍차 _ 96

황갑윤 시집

5부

갈매기 _ 99
가을이 오면 _ 100
바다 _ 101
갈증 _ 102
통증 _ 103
밤바다 _ 104
파도의 연가 _ 105
뱃고동 _ 106
봄볕처럼 _ 107
빛 _ 108
인면수심 _ 109
커피 _ 110
파도의 꿈 _ 111
해변 _ 112
혼불 _ 113
푸른 바다 _ 114
나의 응원군 _ 115

6부

김 삿갓 _ 119
황혼 _ 120
봄 _ 121
사랑 _ 122
마음 _ 123
금강산 _ 124
그리움 _ 125
민들레꽃 _ 126
한번만 _ 127
바람 _ 128
녹차 _ 129
억새 _ 130
기도 _ 131
연가戀歌 _ 132
독백獨白 _ 133
자유 _ 134
토지土地 _ 135

1부
국화꽃 앞에서

시간

강처럼 흘러 끝없이 간다
의연한 모습으로
앞으로만 나아간다
때론 너에게서 이탈하고 싶었다
세상에 태어난 순간부터
나를 늘 따라다니는 너
몇 초 몇 분도 나를 놓아주지 않았다
어둠에 갇혀 머무르고 싶은데도
놓아 주지 않았다
그러나
멀지 않은 날에 내 손 놓고
간다는 걸 안다
그땐 미련 없이 손 흔들며
바람 따라가야지
내게 만들어 준 기찻길 따라

도시의 얼굴

거만하고 도도한 빌딩 숲
그 사이로 억지로 비집고 들어와
눈 찔끔 감고 살아가는
마른 뼈들의 소름끼치는 침묵
빌딩 그늘에 자신을 감추고
낮게 숙여 생존하는 슬픈 군상들
모질게 살아가지만 늘 제자리걸음이다
서릿발처럼 내려앉는 갈등과 슬픔을
이겨내려 하지만
도시의 바람은 중심 잡기가 힘이 든다
누가 또 엎어졌나
또 누구의 몰락인가
어둠의 속으로 꾸역꾸역 눌러 넣은 억울한 생
아픈 삶은 쉽게 주름살이 펴지지 않는다
남의 밥을 훔쳐 더러운 배를 불리는 사람의
뉴스가 연신 흘러나온다
도시는 또 내일이면 아침의 새순이 돋고
시퍼런 물살이 휘돌아 흐를 것이다

늙은 호박

다 떠난 고향 집 앞마당 텃밭에
늙은 호박이 덩그러니 앉아 있다
비바람도 천둥소리도 개의치 않고
억세게 휘감아 기어오르던 억척같은 몸뚱이
이제는 성장을 끝낸 연륜을 안고
외로움을 견디며 고독을 앓고 있다
깨달음을 얻고 해탈을 한 싯다르타처럼
신선의 경지에 도달한 어느 노승처럼
정이 그리운 걸까 벌과 나비를 기다린다
자신의 속을 꽉 채우며
온몸이 노랗도록 꽃을 피운다
고즈넉한 저녁 외로움 밤
달디 단 노란 호박이 고향 집을 지키고 있다

내 생일날

잊고 살았던 어머니가 생각나요
구 남매의 막내로 태어나
응석받이로 자라 철도 늦게 들었지요
부모님 살아생전 효도도 못드렸어요
엄마는 참 예뻤어요
베틀에 앉아 삼베 짜시던 모습이
아직도 기억에 머무르고 있네요
엊그제 같은데
세월은 무심하게 소리 없이 흘러가네요
나도 이젠 흰머리 할아버지
그래도 아직까지 엄마 가슴이 그립네요
머리를 쓰다듬어 주시던 다정한 손
나의 잘못에 언제나 관대하셨던 어머니
그러나 세상은 그렇지가 않네요
보고 싶어 눈물이 납니다
가슴깊이 파고드는 그리움
이 아픔

가을 곶감

겉옷 조차 사치여서 다 벗어 던지고
젖은 몸으로 번뇌의 늪에 빠진다
고요한 인고의 시간
스치는 바람과 햇살에 떫은 육체
훌훌 털어 버리고 나면
몸집은 작아지고 말랑한 감촉으로 남아
분까지 뒤집어 쓴 마른 몸
그러나 너 안에는
단단하게 여문 심장 하나가
눈부신 윤회의 꿈을 꾸고 있다

골짜기 물

깊은 산 골짜기 물이 수천 년의 세월을 딛고
졸졸졸 노래를 부르며 간다
고단함도 없이 경쾌한 발걸음으로 간다
발길에 차이면 돌아서 가고
웅덩이 만나면 채워 넣고 넘어간다
나뭇잎 만나면 어깨동무하고
물고기 만나면 간지럼 태운다
소년의 돌팔매질엔 무늬 그려주며
이래도 저래도 마다않는 넓은 마음
산도 보고 들도 보고
끝없이 흘러간다
넓은 바다
엄마 품을 만날 때까지

노파와 밤바다

저 어둡고 고요한 세계
그 속을 파헤치고 싶다
달빛은 밤바다에 비명을 풀어 놓고
온몸을 더 깊게 물속으로 밀어 넣는다
욕망의 주름살은 격렬하게 부풀고
끝내 노파는 출렁이는 단추를 열어젖힌다
너덜너덜 한 생을 깁다가
손톱만한 일탈을 결심하기까지
얼마나 오랫동안 갈등하였던가
짠 바람에 문신처럼 새겨진 상처가 덧난 탓일까
비상을 꿈꾸던 날개가 무겁다
제 가슴보다 넓은 슬픔을 받아낸 세월
벼락처럼 허물어진 자신의 백골을 보며
차라리 수면 위에 하얗게 눕는다
파도는 포말이 되어 그 값을 치르는 노파의
휘어진 등뼈에 허기진 바람이
습성처럼 자국을 만든다
바다가 아픈 줄도 모르고 달빛은 두리번거리며
연신 하품만 해댄다

도시의 지렁이

서울역 10번 출구 앞
무릎 관절이 다 녹아 고무가 된
두 다리를 질질 끌고
땅바닥을 온몸으로 기어가는 사내
고무포로 아랫도리를 감싸고
전혀 속력을 내지 못하는 폐타이어에 의지해
지렁이처럼 느리게 기어가고 있다
고단한 일상
타이어의 옆구리가 터지고 헐어
너덜너덜한 사이로 몇 줌 안되는 해가
환부를 비치고 있다
찬송가가 도시 바닥을 적시며
동정의 한 푼이 쏟아지길 바라지만
무관심한 도시의 인정은 싸늘하다
저 구걸 바구니가 측은지심으로 가득차
하루의 생계가 살찌기만을 바라며
사내는 행인들을 향해 애처롭게 시선을 보낸다

아랫배 밑에서 물렁뼈의 아우성이
꿈틀거릴 때마다 눈물처럼 바닥으로 떨어진다
누구의 발목이라도 붙잡고 싶은 걸까
사내의 시선이 더욱 간절하다
때마침 말쑥한 노신사의 풍성한 적선에
유유히 인파 속으로 사라지는 도시의 지렁이
그가 떠난 자리에 나의 교만과 양심의 무거움이
천근처럼 내려앉는다

파도 1

비릿한 냄새를 몸속에 품고
하얀 맨발로 이리저리 부서지는 너는
무섭기도 하고 온화하기도 하다
그렇게 천의 모습으로 살아가는구나
여름을 즐기는 사람에겐 등에 태워
호사를 시키는 친절함도 있고
또 여느 땐 송두리째 흔적 없이
삼켜버리기도 하는 무서운 심술
바다에 몸을 던져 허무의 꽃을
키우는 너는 수평으로 누워있을 때가
예쁜지도 모른다
너의 머리카락을 희게 만들면
커진 너의 숨소리가
여운으로 내 가슴에 남는다
속절없이 토해내는 너의 외침에
고독이 몸을 흔든다

파도 2

파란 바다가 바람이 불면
하얗게 밀려오다 사라지는
바다의 심술
바람은 어디로 갔는지
흔적이 없다
파도야 파도야 날 어쩌란 말인가
텅 빈 내 가슴을 어쩌란 말인가
나 그대를 찾아가
그대에게 숨어 들리라

백령도 서해바다

만지면 피가 통할 것 같은 검푸른 서해바다
섬뜩한 소금 바람이 아랫도리가 얼얼하도록
칼날을 세우며 비린 살을 모질게 긁어 대고 있다
물살의 깊이로 울어대던 갈매기는 슬픔으로
가득차 적막만을 흔들고 있다
바쿠스신의 사제들에게 몸이 갈기갈기 찢긴 뒤
헤브로스 강에 던져진
아름다운 오르페우스의 잘려진 머리가
2천년도 넘게 물속을 표류하고 다니다 파도에 밀려
이곳 서해바다까지 와서 한을 푼 것일까
두 동강이다
오르페의 머리처럼 두 동강이다
바다와 조국은 울부짖으며 마흔여섯의 꽃잎을
허위허위 떠나보내고
물때가 맞으면 돌아오리라 허망한 기대에
두 동강 난 천안함은 마지막 절규로
진혼곡을 부르며 오열했다

인력사무소

니코틴의 매캐함과 안티푸라민 냄새가
진동을 하는 인력사무소 대기실
가난의 문턱을 넘고
새벽의 푸른 등줄기를 밟고 온
일용직 노동자들로 북새통을 이루고 있다
그들의 허름한 야전 가방 안에는
하루의 빠듯한 생활
일당을 챙겨줄 연장들이 숨죽이고 있다
주인과 품삯을 흥정한 무리들이
우르르 빠져나가면
남은 자들은 식솔들의 입을 생각하며
찌개처럼 마음을 졸인다
허탕 치는 날이면
애환의 밥상에 빈곤이 느껴진다
주머니 탈탈 털어도 하루 살아가기도 힘이 든 형편
활짝 펼쳐 보이지 못하는 벼랑의 기억만 남았다
쓸쓸한 발바닥을 감추고 뒤돌아서는 발길
마지막 출구를 나서면
세상의 젖은 길은
고단한 졸음에 문을 닫는다

해를 낳은 바다

너로 인해 몸이 달아오른다
장엄한 얼굴로 태초의 습성이 되어
경이롭게 모습을 드러내면
두 손 모으고 사람들은 너를 바라본다
환호와 찬사를 보내며
해를 생산하는 바다
마른 침을 삼킨다
빠알간 옷을 입혀
매일 세상 밖으로 내보내는 바다
살갗이 찢어지는 고통으로
탯줄을 자르는 어미
너의 바다여
하루라는 선물이 주어진다

그리운 시절

서산 노을이 질 때면
연기가 피어오른다
가마솥에서 저녁밥이 익어 가고 있다
화전 밭에서 캔 고구마 감자가 때론
그 안에서 함께 익어간다
개울 물 돌 밑에서 잡은 가재가
밥상 위에 올려지고
상큼한 봄나물도 입맛을 돋운다
아버지 밥상 위에 오른 간고등어의
짭짤한 맛도 잊을 수가 없다
그땐 왜 그리도 맛이 있었을까
커다란 양푼이에 된장 고추장 나물 넣고
비비면 밥 한 그릇으론 모자랐던 시절이다
장독대의 항아리엔 된장 고추장이 언제나
가득 들어 있었다
유난히 반질거렸던 장독대의 전경이
지금까지 사뭇 그립다
어머니의 손맛은 특히 동네에서 알아주었다
구 남매가 오손도손 자라던 곳
나이 들고 보니 더욱 고향이 그립고
그 시절이 그립다

집

얼마나 더 머무를까
당신의 무릎에 기댄 채
지난날들을 그리워하며
까닭도 모를 눈물이
가슴에 솟아올라 눈에 고인다

웃지 못해 살고 울지 못해 사는
생이 우습지만
폭풍 속을 넘나드는
날개는 걸음을 막는다

온 세상이 꽃천지다
그 향기가 나를 감싸준다
당신의 따뜻한 손길
가슴에 스며드는
이 설렘은 무엇일까

낮은 건강으로 살고
밤은 사랑으로 산다
이제는 더 이상 헤매지 말자

국화꽃 앞에서

질기고 모진 아픔을 통하여
병상을 지키는 이들에게
이 특별한 향기를 나누고 싶다
사랑하는 이들 곁에 머무르는 감사와
두 발로 걸어 움직이는 기쁨
얼마만큼 더 내일을 맞을 수 있을까
향내 가득한 국화꽃 계절
국화꽃 필 때면 생각나는 사람
하얀 웃음꽃을 피워주던 사람
어린 시절 내 고향 땅을 그리워하듯
가끔씩 그리워지는 사람

엄마의 바다

뱃머리에 앉은 젖은 달도
파도에 떨어져 아우성인 별들도
까맣게 어두워진 바다의 찬 기운에 신음하고 있다
거기에 세상이 있다
거기에 아픈 넋이 있다
만선의 희망 안고 태풍과
맞서 싸우다 상여 소리를 따라간
아비의 혼이 온밤을 출렁인다
그 많던 어선들은 다 어디로 갔는가
바다에 지아비를 묻은 실성한 어미들은
또 다 어디에 있는가
우우-우우우-
아비의 뼈가 떠다니는
밤바다를 더듬으며 울음 울지만
나의 울음은 단 한 번도 파도를 넘지 못했다

포구의 창이 열리면
어미는 어김없이 약해빠진 몸뚱이를 끌고
파도 기슭 파 뿌리 심듯 통발을 심으러 바다로 간다
지아비를 보내고 주야장천 슬픔을 바닥에 깔고 앉아
눈으로만 허기를 채우던 어미가
후들거리는 다리에 겨우 몸무게를 싣고
바다로 나간 것은
너절한 살림살이가
식상함 때문이리라

의미 意味

어떤 의미로 왔든
난 상관치 않아

슬픔과 괴로움으로 몸부림쳐도
난 상관치 않아

나에게서 또 다른 나에게로 다가온다 해도
난 상관치 않아

오직 귀천으로 갈 때면
난 너를 따라가리라

하나의 의미로
살아갈 수 있을 거니까

2부
대마도의 푸른바다

하얀 포말

물줄기를 둘둘 말아 내동댕이친다
화난 사자처럼
포말은 금방 억압의 사슬을 끊어버린다
멈춤이 없이 몸을 괴롭혀도
일상으로 감내하는 너그러움
아름다움으로 바라보는 사람들의
시선이 있기 때문일까
오고 감이 모두 타에 달렸으니
고단함도 잊고
그대로 파도와 나누고 산다
포말은 바다 위에 앉아
이리저리 내몰리며
하얀 세상만 만든다

승천의 꿈

이름도 없는 섬에 닻을 내리니
엉금엉금 거북이가 겸연쩍게 인사를 한다
선상 위로 날아든 가냘픈 갈매기의 날갯짓
친구가 아니던가
내 권태의 하품을 알고 있는 친구
풀썩거리는 꿈이 파도에 짓눌리고
흐린 날씨에 사라진다
허물어지는 마음
언제 나는 내 고향으로 돌아갈 것인지
오늘도 어김없이 바다는 내 삶을 엮어준다

어촌마을

빨랫줄마다 물메기가
꾸덕꾸덕 말라가고 있다
가슴 저미는 사연들도 함께 말라가는
조용한 어촌마을
얼마나 오랜 삶을 한 길로만
살아왔던가
힘겨운 삶을 거역 없이 지탱해온
긴긴 세월
흘러가는 시간은 아픔마저 함께 삼켰다
바다를 바라보며 젊음을 강렬하게
그곳에 불태운 인생
젊은 꿈을 다 앗아간 바다
지금은 그래도 그 바다가 좋다

삶이란

내 인생은 낡은 양철 지붕처럼 바래져 있다
질편한 삶 속에서 발버둥 쳐 온 여정
광명의 날은 부서진 조각일 뿐
초라한 모습은 외줄에 달려
허허로움만 남는다
그러나 아직 생명의 젖줄은 남아있기에
태연한 척 안간힘으로 버텨보지만
내 핏줄은 말초신경을 돌지 못하고 있다
이제 무엇을 바라겠는가
주어진 삶에 순응하며 비워가야지
인생은 한낱 지나가는 바람인 것을

대마도의 푸른 바다

대마도
오른팔은 동에 잡고
왼팔은 서에 잡고
푸른 물결 한결같아 말없이 앉아 있네
위치상 우리나라가 더 가까운데도
일본 땅이 되어있네
그 옛날 조상들
내 밥그릇
어질기만 하였노라
지금이라도 한이 되면
물결이라도 찾아오세

길

멀고도 먼 길
외로움과 고독의 여정
저 구름이 친구일까
바람이 친구일까
긴 세월 지나왔음에도
뒤돌아보면 짧은 세월
후회 없는 날들을 위해
힘차게 살자
강물처럼 흘러 흘러가자
침묵 속에 흐르는 유유한 강물처럼
언젠간 흙으로 돌아가는
그 길을 향해
묵묵히 걸어가자

살다 보니

병이 내 몸을 덮칠 것이란 생각을
해본 적이 없다
생로병사가 있음을 소홀히 하며
현실에 급급해 여유 없이 살아왔다
그래도 이뤄놓은 것은 없으면서
죽음이 이젠 남았는가
어떻게 받아들이며 잘 맞을 것인가
살아온 날에 대한 회한이 많다
상처로 남은 많은 것들
다하지 못한 일들
용서를 받아야 할 것들
잘못한 것들만 떠오른다
여생은
정말 잘 살아야 할 텐데

골목길

판자촌 언덕길을 오른다
속도에 지친 바퀴들의 몸살도
화려한 조명도 없는 침울한 골목길에
적막만이 길게 드리우고 있다
젊은 사람들은 다 떠나고
노인들만 오고 가는 골목길
사람 소리마저 끊어져 잠이 들었다
그 옛날 왁자지껄했고 분주했던
뜨거운 삶의 이야기는 다 어디로 갔을까
숨이 막힐 듯
오밀조밀 붙어 있었던 가옥
삐걱대던 대문 여닫는 소리가
사람 냄새를 풍겼다
연탄의 무게에 짓눌려 험한 골목길
오르는 아저씨의 휘어진 등뼈에도
행복이 묻어있었던 시절
매운 추위를 이길 수 있다는 희망
따뜻한 아랫목에
옹기종기 둘러앉은 정겨운 가족들
지금은 다 어디로 갔을까

한 남자를 보면서

사이렌 소리가 요란하다
부산대학병원 응급실 앞에 도착한
119구급차 침대에서
핏방울이 뚝뚝 떨어지고
얼굴은 알아볼 수 없을 만큼
피범벅이 된 한 남자가 누워있다
어쩜 저리도 야위어 있을까
막노동판에서 곧장 실려 온 듯한 모습
공사장 아래로 추락했다는 동행인의
설명이 들린다
하느님 불쌍한 사람을 구해주소서
의료진들의 부산한 움직임
목숨을 잃지 않아서 다행이다
마음이 아프다
가난도 죄던가
삶의 고단함이 느껴지는 그 남자의
얼굴이 하루종일 눈앞에서 어른거린다

장미 타살

장미의 꽃잎이 열리면서
계절은 화사해져 간다
빨간 드레스 천으로 덮인
장미의 몸엔 아직도 수줍음이 가득하다
똑 하고 예쁜 얼굴 훔쳐 간
그 자리엔 흥건한 핏물이 가득하다
가는 목덜미엔 아픔의 흔적이 상처로 남아 있다
멋진 사랑을 위해 생 가시 푸르게 달고
열여덟 한 복판에서서 미소 머금은 장미
순풍에 손짓하며 몸을 흔든다

악수

인사 친애 화해의 뜻으로 잡아 주는 손
옛날에는 공격의사가 없음의 표현
잠깐 잡고 놓았지만 서로는
인연으로 닿았네
마음이 열렸다는 표시
배려와 친근 없이는 선뜻 내밀지 못하는 손
몇 명이나 악수를 청했던가
마음을 열자
손을 잡고 함께하자
더불어 함께는 내 옆에 두고
무거운 짐 내려놓고
나누며 공유하자
인생의 고단을 풀기 위해서

고향

저 강물 따라가면
내 어릴 적 고향이 있을까
촌스런 단발머리
툇마루에 걸터앉아 뜨개질하던 누나

이제는 먼 곳이 된
그곳에 동무들도 떠나고 없다
열 한명 식구의 배를 채워주던 아궁이
무쇠솥 꽁보리밥이 눈에 선하다
뒤안길 늙은 살구나무 아래
콩 타작하시던 어머니
지금도 그곳이 그립기만 하다

해녀의 노래

이어도 사나 이어도 사나
혼백 상자 등에 지고
가슴 앞에 두렁박 차고
빗 창과 호미 들고
저승길인 듯 이승길인 듯
한질 두질 깊은 바닷속으로 몸을 던진다
온몸의 진을 다 내려놓고서야
물 밖으로 나오는 해녀
달구어진 인두처럼 가슴을 지져대는 고통을
천길 바다는 화석으로 남겨 놓는다
고요가 잠든 바다
그녀들은 애써 한숨과 탄식을 바다에 던지고
날이 새면 다시 바다를 그리워하며
목숨 꽃을 피운다

청년의 꿈

곰팡이가 꽃처럼 피어
쾌쾌한 냄새가 퍼져있는 지하 방
많은 시련과 상실감에 인이 박힌 남자가
꽃 장판에 엎어져 분홍 나비가 되고 있다
전등이 달처럼 떠 있는
손바닥만 한 요새에서
창문을 들락거리는 궁핍을 느끼며
골병든 몸을 필사적으로 둥글게 한다
오금이 저리도록 일을 해야
허기진 배를 채우고
납작 엎드려 만신창이 된
몸뚱이를 밀어 넣어야
노곤한 몸을 누일 수 있는
지하 방의 고단한 삶
나는 청년 실업자에 일용직 근로자다
포기할 수 없는 내 삶

파란 평화를 위해서는 천둥과 벼락이
얼마나 더 지나가야 하는 걸까
얼마의 아픔을 더 견뎌야 하는 걸까
한 끼의 밥보다 더 절박한
지상으로의 탈출을 위해
뜨거운 마음으로 밤을 새운다

몰운대 1

출렁이는 파도와 바람이 유구한 역사 속의
해송 가지를 붙들고 울음소리를 낸다
우거진 숲과 깎아지른 괴석기암
상록활엽수 섬은 나무의 그늘이
갈맷길 돌아 오르는 등산객 등줄의
땀방울을 식혀준다
간간이 눈에 띄는 청설모는
푸른 잎사귀에 몸을 숨기고
까치들은 까악까악 한가하게 하늘을 난다
구름도 쉬어가는 곳 몰운대
바닷바람에 실려 오는 갯냄새가
가슴을 적신다

몰운대 2

몰운대의 소나무 그늘에 앉아
지나간 날들을 생각하니
내 아픔이 가슴 깊이 스민다
기억하기조차 힘든 추억들이
떠오른다
살아 숨 쉰다는 것
등산길 스쳐 지나가는
사람들의 여유로움
상큼하고 풋풋한 풀 냄새
절경이다
바위와 해송과 이슬을 흠뻑 담아
머금고 있는 싱그러운 풀잎들

허전함

아픔이 지나간 자리에
웅덩이가 생겼다
산사태처럼 쉽게 허물어져 버린 마음
평지의 땅으로 변하려면
큰 물줄기 만드는 소나기와
혹독한 세찬 바람을 또 얼마나
맞아야 하려나
질기고 모진 아픔의 통증에서
벗어나고 싶다
철없던 시절이 그립다
별이 총총한 밤이면 더욱 그리워지는 사람들
내 곁을 떠난 피붙이들이 오늘따라
너무 보고 싶다

예쁜 손자 손녀

하나뿐인 내 아들이 슬하에
아들 딸 둘을 두었다
언제나 봐도 손자 손녀는
눈에 넣어도 아프지 않을 만큼 예쁘다
어느결에 청소년이 되고 보니
얼굴을 자주 볼 수가 없다
배움이 일이 되어 버렸기 때문이다
잘 성장해서 보람을 느끼며
즐겁고 행복한 인생을 살았으면 좋겠다
옛날보다 살아갈 조건이 더 나빠져 있는
현세
신체적 정신적으로 사람다운 바탕을 다져
올바르게 살았으면 좋겠다
내 손자 손녀뿐 아니라
이 땅의 모든 아이들에 대한
바람이기도 하다
사랑하는 손자 손녀 보고 싶구나
이것은 영원히 이어지는
사랑내림

꽃

아름다운 모습에 현기증이 난다
형형색색 범람하는 봄의 꽃들
모습에 취하고
향기에 취하고
마음까지 포박한다
자연의 섭리가 오묘하다
비가 공기 중의 먼지를 쓸어내리듯
꽃은 힘들고 지쳤던 마음의
먹구름을 걷어 내준다
언제나 꺼내 볼 수 있도록
내 마음 밭에
너를 심어놓고 싶구나

3부

삶의 자유

안개꽃

우수에 젖은 뽀얀 얼굴
까만 눈동자
가냘픈 몸매
솜털 같은 바람에도 금새 몸은 흔들린다
다닥다닥 얼굴 맞대고
부비며 미소 짓는
너의 예쁜 얼굴
파란 실루엣에 하얀 분 바르고
도래질 하며 춤추는 너
푸른 빛 품에 안겨
넋을 잃게 하는
환희
그리고 신비

수건

잘 말린 수건에서 햇볕 냄새가 난다
툭툭 털어 펴서 반듯하게 접어
보관함에 넣은 뽀얀 얼굴들
차례를 기다리며 적막의 시간을 견딘다
누군가를 구석구석 닦아 뽀송하게 만들고 나면
세탁기 속으로 버려지듯 던져져
다시 말끔한 얼굴로 탄생된다
사람의 피부가 얼마나 질기고 독한지
깨끗한 순면의 살이 시간이 지나면
늘어지고 허물어진다
얇아지고 초라해지면 가차 없이 버려진다
어느 파계승의 눈물처럼

비누

몸에 붙은 때가 다 빠질 때까지
문지르고 또 문지른다
송골송골 옥구슬 비눗방울 무늬
거품 속으로 체온도 따라나선다
마음 안의 묵은 때까지 걷어내고 싶다
마음 한편을 까맣게 얼룩무늬로 물들여 놓고
잘 씻겨 나가지 않으려 한다
청보리의 풋풋함이 그리운 계절
올가을 고운 단풍으로 이불을 만들자
스치는 바람이 연한 비누 향기를 흩날리며
나의 긴 하루를 움켜쥐고 간다

순풍을 기다리는 바다

까맣게 타도록 몸살을 앓는 바다
내 속을 언제나 뒤집는 바람
울컥 토해내는 소리에도
고기떼들은 아랑곳하지 않고
유영을 즐긴다
내 몸속 깊은 곳을
칼바람으로 갈라놓아도
등치값도 못하고서
순풍만 기다리네

파도야

파도야 너는 왜
내 마음
종이배 같이 흔들어 놓고
하얀 포말이 되었나

바람아 불어라
바람아 불어라

파도야
파도야
기다리는 내 마음
너는 알고 있겠지

꽃샘추위

산에도 들에도 자동차 길에도
온통 꽃물결이 출렁인다
심술 많은 바람이 봄을 시샘해
세월에 기대 비비적댄다
뒷걸음치는 추위
매운바람까지 불면 두꺼운 옷
다시 꺼내 입어 보지만
몸은 자꾸 움츠러든다
겨울보다도 더 춥다는 말이
절로 나온다
환자들에겐 겨울이 특히
고통의 계절이다
연분홍색 화사한 옷 걸치고
종종걸음으로 다가오는 봄이
참 반가운데 늦깎이 추위 때문에
마음이 건조해진다
보리누름에 선 늙은이
얼어 죽는다는 말이 왜 나왔을까
중늙은이들에겐 봄추위가
그만큼 참기 어렵다는 뜻일 것이다

낙동강

고기들이 펄떡인다
세찬 빗줄기에 기운이 솟구치는 듯
물속에서 뻗어 나온 수초水草들도
진초록의 자태로 자리를 지킨다
을숙도 모래톱 갈대의 울음소리가
아름답게 들리는 곳
자연은 삶의 원천
세월의 발자국 속에 지워졌다 새로 잉태되는
자연의 얼굴
같은 모습으로 버티기가 힘이 든 모양이다
아픔 기쁨 슬픔 모두를
흐르는 저 강물을 향해 풀어놓자
유유히 흐르는 강물은 미소를 지으며
모든 것을 다 끌어안고 흐른다
삶에 지치고 힘이 들 땐 낙동강을 찾자
삶의 고단함을 보듬어 주는 곳

삶의 자유

작은 몸집이면서도
광활한 창공을 마음대로
날아다니는 새를 보니
자유가 부럽다
변화무쌍한 환경
거미줄처럼 얽혀있는 관계
연결 고리를 끊어 버릴 자신이 없다
나 좋을 대로 살면
탈락한 레일이다
목마른 사람들이 어찌
우물을 멀리하겠는가
우리는 불쌍한 군상이다
더 멋지게 더 높게
이상세계를 꿈꾸지만
정복의 언저리도 다다르지 못한다
가파른 언덕길 오르고 나면
더 큰 산이 놓여져 있는 인생
식상한 일상에 길들여진 체로
다람쥐 쳇바퀴 돌 듯하면서도
새들처럼의 비행은
탈출의 꿈일 뿐이다

새벽기도

살아서 또 아침을 맞았습니다
하루라는 시간을 두 손 모아 받아 놓고
거부할 수 없이 가슴에 끌어안았습니다
공정하게 분배되어 떠맡겨진 선물
감사히 받겠습니다
곱게 채색하여 아름다운 그림으로
남게 되기를 기도하면서
이젠 무력하고 빛이 바래서
아궁이에 던져질 땔감 밖에는 안 되지만
저녁노을의 아름다움을 닮고 싶어서
안간힘 씁니다
지치고 힘들어 나동 그래질 때는
죽음처럼 있겠습니다
영혼까지 바쳐 불태울 수 있기를 기도합니다
어둠 속에서 타오르는 불꽃은
더욱 밝게 느껴집니다
작은 불씨라도 되어 세상을
밝힐 수 있게 하소서

콩 타작

후려칠 때마다
껍질 속에서 탈출한다
아픔 후의 성숙
타닥타닥 흩어지며 노래 부른다
죽도록 맞고서도 생명은 이어진다
푸른 날개 달고 자랄
그날의 꿈을 위해서

꽃

아름다움이 있어 좋다
강렬하기도 하고
은은하기도 한 향기를 내 뿜는 너
마음 끌리게 하는 힘
보는 이를 밝은 얼굴로 만들어 준다
감탄사를 한껏 받으며
마음을 포근하게도 하고
화사하게도 해주는 너
항상 옆에 두고 싶도록 유혹하는 너
너는 모두의 사랑은 독차지하고 있다
너 없는 세상은 잿빛이다

낮달

흐릿한 형체로 먼 하늘
높이 떠서
긴긴 밤 새벽이슬로
내 가슴 적셔 놓고
잡힐 듯 말 듯
애간장을 녹이더니
아쉽게도 내 님은
낮달처럼 멀어졌네
그리운 내님아
다시 마음 바꿔먹고
만월타고 밝게 와서
내 마음 비춰다오

너는

이른 봄 연초록빛 새싹
귀엽고 앙증스러운 아기 손 같다
따사로운 햇살이 봄에 찰싹 붙어
밤새 내린 이슬을 증기로 피워 올린다
작아서 귀엽지 않은 것은 없다
바람도 조심스레 살며시 왔다 간다
봄은 소생의 계절이라 했던가
눈길 가는 곳마다 신비다
단정한 모습으로 속세상을 향해
고개 든 모습이 사랑스럽다
엄마 품에 안겨 젖 물고 있는
아기처럼

들꽃

따뜻한 햇살에 식물들은 기지개를 켠다
추위에도 아랑곳하지 않고 잠에서 깨어난다
예쁜 얼굴 뾰족이 밀고 나와 함박웃음 지을 때는
봄 노래 소리 맞춰 어깨춤 절로 난다
통도사 서운암에서 있었던 지난 봄 들꽃 잔치
은은한 꽃향기는 지천에 진동하고
상큼한 봄 냄새에 흠뻑 취해 돌아왔네
시향까지 풍겨지니 들꽃과도 하나 되네
나비야 벌아 친구 찾아오너라

바람아 불어라

바람아 불어
내 상처 송두리째 날려 버려라
슬픔 한 조각
아픔 한 조각
서러움 한 조각
눈물도 한 조각
고독까지 한 조각
산산이 조각난 마음
서산을 넘어가는 느린 걸음의
조각달에 내 마음 실려 보내고 싶구나
이젠 삶의 무게 모두 내려놓고
훌훌
바람 따라 마음 싣고
구름 따라 마음 실어
흘러가고 싶구나
정처 없이 멀리멀리
흘러가고 싶구나

만추 晩秋

예쁜 모습으로 단장하고
바람에 못 이겨
엄마 품 떠나는 나뭇잎
세월 못 이기는 건 사람을 닮았구나
넉넉함도 주고
쓸쓸함도 주고
황금 들판
주렁주렁 달린 붉은 열매들
농부들 마음은 풍성해진다
이맘때면
햇볕에 그을린 농부의 주름진 얼굴에
행복함이 묻어난다

밤비

어둠을 타고 내리는 비가
적막감을 더해준다
유리창을 타고 흐르는 빗물이
네온의 불빛을 받아 반짝인다
간간이 빗물에 마찰음을 내고
지나가는 차 바퀴 구르는 소리
나그네의 외로움인가
삶의 고뇌인가
천둥이 친다해도
빗장을 열어 두리라

4부

풍차

그리움

그대의 모습
작은 손끝의 움직임 하나에도
설렘으로 다가왔던
고뇌
그리고 초연함
내 삶의 뒤안길에서
잠시 머물렀던 향기
지금도 이따금씩
되살아나 머물고 가는
그대 향한 그리움

꽃등심

죽음을 향해 피어나는 꽃이여
영혼마저 성결하여라
작은 토막으로 다시 태어나
불꽃 무대에 올려지면
발레공연 시작된다
노릇한 옷 갈아입고
파란 치마 색시 만나
긴 터널 신혼 여행길
함께 떠나면서 영원히 잠이 든다
꽃이라 이름 달았으니
죽음마다 않으리

병마

아픔의 끝은 어디 인가요
불덩이 같은 고열
원인도 알 수가 없다네요
내 영역 밖의 세계에서 의식을 잃었다 찾았다
지옥과 천당을 하루에도 몇번씩
경험을 합니다
둥글했던 성격은 까칠해지고
모난 모습으로 변했나 봐요
화도 잘 내고 목소리도 커지고
계속된 왕짜증에 내 옆의 사람
지친 모습을 보이네요
이래선 안되는데
묵직한 방망이가 둔탁한 소리를 내며
내 어깨를 치고 갑니다
맞지도 않은 곡조의 노래를 누가
계속 들어 줄 것인가

겨울 바다

몰아치면
쩍쩍 바위에 달라붙어
흔적으로 피어난 소금 꽃
바위는 한기로 몸살을 앓는다
모래를 핥으며 밀려왔다 밀려가는
파도는 연신 몸을 뒤집으며 바다에 상처를 낸다
제 몸을 모질게 채찍질하는 파도
넓은 품에 안겨 푸른 살에 스며들어
무작정 허물어지고 나면
푸석한 가슴에 윤기가 흐른다
금세 상처의 흔적은 간 곳이 없고
심심하면 또 바람의 갈피를 잡고 일어나
덩치를 키우는 파도
그러나 이내 해변에 누워 하얗게
바스러지며 실신해 버린다
저 멀리 고깃배 한 척이 긴 하품을 하며
신명 난 파도에 출렁이며 손짓해 오고 있다

세월

초침을 바라보면 님의 얼굴 생각나고
분침을 바라보면 내 엄마가 생각나며
시침을 바라보면 할머니가 생각난다
세월 속에는 내 삶도 담겨져 있다
강남 갔다 온 제비를 바라보면
이미 봄은 와 있고
주렁주렁 달려 있는 수박이 한낮 햇살에
익어가는 것을 보면 여름이다
오곡이 풍성하면 가을이고
겨울이면 을숙도엔 또 철새들이 날아든다
차디찬 바람과 함께 긴 겨울 추위를 견디면
만물은 또 다른 잉태를 위해 꿈틀거린다
쉼 없이 시간이라는 녀석은 자연의 순리를 만들며
앞으로만 달아난다

장미 한 송이의 고백

나의 정열
나의 순수
나의 고백
수줍은 미소가 눈부시다
그윽한 향기로 인사를 건넨다
무심한 심장에 박동질을 주고는
태연히 먼 산만 바라보는 새침데기
뜨거운 피가 다 마르고
조금씩 향기도 비워내고 나면
지독히 외로운 삶을 맞는다
심장도 멎은 채로

소나무

독야청청 사시사철
한색으로 사는 절개와
꿋꿋함이 있는 나무다
낙락장송 되어서도 신성처럼
세월에 흔들리지 않는 기상이 있다
선비들이 특히 소나무를
많이 사랑해 왔다
떨어진 솔잎까지 우리 선조들은
귀하게 여겨 왔던 것은
불쏘시개로 갈비만 한 것이
없었기 때문이다
초등학교 시절 하굣길에 갈비가 보이면
책보에 싸 와서 아궁이 옆에
쏟아 놓곤 했던 추억이 되살아난다
그래서 나도 소나무에
애정이 유독 많다

을숙도 1

모래섬에 갈대가 무성히 자라고 있는 곳
낙동강 오리들은 갈대숲에 알을 낳고
비바람에 혹시 떠내려가지나 않을까
안절부절 못하고 있다
바람이 불면 갈대는 춤을 춘다
속삭이는 여인들의 노랫소리 같은
갈대숲 합창을 누가
모래톱의 갈대라 했던가
새가 많고 물이 맑아 을숙도라 이름한 곳
을숙도는 우리들의 아름다운 휴식처다
아끼고 잘 보존해 후대에 영원히
물려줘야 할 소중한 재산

을숙도 2

가야겠다 나를 부르는
갈대숲이 손짓하는
아늑한 을숙도로
철새들의 노랫소리 끊이지 않고
바람에 춤을 추는 갈대
유유히 흘러가는 탐험선 한 척
펄떡이는 고기들도 춤을 춘다
햇빛에 반짝이는 갈대는
철새들의 하얀 넋인가
가자 그곳으로

바지락

바다가 풀어 놓은 수많은 이야기들
모락모락 피어오르는 아침의 바다 연기
갯벌을 끌어안고 바다는 누워있다
그 속엔 우리의 삶이 있다
거품을 물고 밀려오는 파도의 발자국
바지락의 매끈한 속살이 드러난다
숨 가쁜 몸짓으로 갯벌을 헤집는
어부의 몸짓
환한 웃음을 바구니에 담는다
파도 소리 들으며 몸을 불리는 바지락
푹푹 정강이를 적시며 갯벌 속에서
희망을 줍는다
행복이 주렁주렁 열린다
갯냄새와 함께

소금

뻣뻣한 성질과 까칠한 몸
얼마나 오래 상실의 날들을 견뎌내야
하얀 소금이 될까
물의 뼈
말없이 견디고 말라
알갱이 모습으로 태어난 녀석
마음 상하면 죽어서는
살을 풀어 훌훌 던져 버리는 녀석
네가 있어 썩지 않는 세상을 만든다
깊은 속을 지닌
소중한 녀석

기다림

알곡이 익어가길 기다리는 농부의 마음
소중한 사람을 두고 애타 하는 마음
비를
건강을
햇살을
부유를
부둥켜안은 모습은 천형이다
기다림의 완성
하나가 완료되면 그 빈자리를
비집고 또 하나가 들어와 앉는 기다림
마음을 두지 말자
순간에 충실하면 기다림은 앉을 자리가 없다
차라리 나는 순간을 택하리라
저 멀리
더 높게
그것은 허상이다

삶

삶은 활화산
혼을 부화시켜 탑을 올린다
헉헉거리며 힘찬 날갯짓
푸른 맥박은 사라지고
고단한 일상은
오립송에 달린 알갱이 얻는 심정이다
평정심
비틀거리지 않으려는 노력
얼마나 많은 인내가 필요했던가
성찰을 식탁 위에 올려놓고 보니
허기가 느껴진다
인생은 천자만홍
세상이 내 것인 양
의기양양했는데
왜 궁상만 남았나
삶은 이런 것이라고 과연
누가 통쾌한 정곡을 찌를 수 있나
삭풍이 사선으로 심장을 갈라놓는다

타인

그 사람
생소한 얼굴이 되어 나의 환부를 들춘다
문틈사이로 들어온 바람이 파르르
문풍지를 떨게 하듯
내 마음도 파르르 신음소리를 내며 떤다
산들바람이 불어오더니
비바람이 되었고
혹독한 찬바람으로 변해
내 마음을 동사시켰다
던져진 세월
그물 속에 갇혀 몸부림쳤던 아픈 기억들
이젠 넓은 하늘을 날아다니는 새가 되었다
훨훨 자유를 누리며 비행하는
추락하지 않는 새

흔적

어김없이 왔다가 어김없이 가고
형체는 없으면서 흔적은 남기는 것
소리 없이 왔다가 소리 없이 가지만
붙잡지도 못하고 붙잡히지도 않는
너는 어찌하여 그리도 도도한가
머무르지 않음이 안타까움이요
붙잡을 수 없음이 무능할 뿐이로다
생명이라 일컬어지는 세상 것들이
다 너에게 고개 숙인다
철부지도 아니면서 그 이치는
나중 가서 깨달으니 그것이 한이로다
서산으로 넘어간 해가 어찌
제 자리로 돌아올 수 있으려나
흘러 흘러가고 보면 후회만이 남는구나

소년과 아버지

인적이 뜸한 시간
소년은 퍼붓는 빗줄기를 뚫고
오토바이로 속력을 내며 야식을 배달한다
한쪽 손에 꽉 쥐어진
철가방엔 허기진 빗방울이 퍼붓는다
지친 발은 새벽이 되면
굽은 길을 따라 허름한 옥탑방에 다다른다
늙은 아버지의 코 고는 소리가 소년을 마중한다
아버지의 고단한 삶은 몸에 늘 물집을 남겼다
살 비린내 나는 아버지 등짝으로 소년은
지친 몸을 파묻는다
살며시 아버지의 상처에 손을 대 본다
뜨거운 눈물이 볼을 타고 내린다
소년의 통통 불은 발가락이
인어처럼 파닥거린다

목련꽃

겨울의 끝을 붙들고 오는
봄의 화신이여
이른 봄 천사의 모습으로 오는
목련꽃
기다림의 시간은 그리움만큼이나
참아내야 하는 것
순결하고
고귀하고
우아한 모습을 보고 있으면
더불어 내 마음까지도
우아해지는 것 같다
열여덟 처녀의 젖가슴인가
봉곳이 피어 하얀 웃음 지으면
두둥실 내 마음 떠오른다
눈부신 모습 느릿한 발걸음으로
지나가렴
꽃이 진 후엔 겨울철에 봉우리가 생겨나서
부작용이 없는 차
맑은 봄 햇살을 받아 아름다운 너는
내 피안의 세계

풍차

먼 산 바라보며
흐뭇한 웃음 지을 수 있음은
시詩 때문이야

눈물 적시고 가슴 아파도
어깨 펼 수 있는 것은
내일의 희망

바람 부는 언덕에서
상처 난 마음의 조각들을 날려 보내고
커다란 풍차를 타고
바람을 기다리는 나

언제쯤
붉은 태양이 활활 타오르려나
고요한 이 밤의 고독이
가슴을 찢고 있다

5부
나의 응원군

갈매기

부산의 새 갈매기
너는 슬픈 울음소리를 내고 있다
사랑 그리움 이별 항구
이별이 서러운 것이더냐
배 언저리에서 먹잇감을 찾아 배회하는
모습이 처량해 보인다
붉게 타는 태양 아래
유유자적 날고 있는 너는
진정 자유의 여신이다
끼아억 끼아억 끼~아억
유희를 즐기며
푸른 바다를 지키는 수호신
정갈한 옷 입고서 끼아억 끼아억
드넓은 하늘과 바다는 너의 고향
맘껏 나래 펴는
네가 마냥 부럽구나

가을이 오면

내 님은 오시려나
가을이 오면
종일 너를 기다리고
까만 눈 촘촘히
타들어 가는 사랑
기다림은 세월을 삼킨다
젖은 눈으로 하늘만 바라보니
부둥켜안은 사랑
눈물 나도록 사무쳐옴이 더 애달파라
그리움에 시려서
해바라기 닮은 마음

바다

육지에서 불어온 바람은
바다에서 파도가 되어 포말을 만들고
바다를 사랑하는 것은
그리움이 있기 때문이다
눈이 닮았다
고기의 눈이 사람을 닮았다
선상에 저항 없이 길게 누운
다금바리
모든 꿈 잠재운 체
포실한 살점 내어주고
출렁이는 바다로 가고만 싶구나

갈증

바람이 내 가슴팍을 뚫고 지나간다
묵은 마음들이 눅눅한 어둠이 되어 올라온다
시리다 못해 찬 얼음 덩어리
뜨겁다 못해 불덩어리로 변하여
다시 나를 괴롭힌다
회한의 상처가 또 덧난다
가슴앓이가 깊어지면 뿌리도 깊게 내리는 건가
부르르 떨리는 몸
돌아 지나온 세월
그 무게의 중압감
침샘이 다 말라 버린 것 같다
그러나
이젠 깨어진 그릇이다
까맣게 탔는데 재가 없을 수 있나
그대로 묻어 두면 될 것을
부질없는 몸부림
무념을 키우자

통증

밤이 너무 길다
이부자리를 적시며
땀으로 뒤범벅이 된 몸
고열과 진통
이런 고통이 여러 날 지속된다
이유를 밝혀내지 못하는 내 병
무엇이 내 육체를 뭉개고 있는가
나를 슬프게 한다
아침을 맞았건만 가누지 못하는 내 몸
이렇게까지 하며 살아야 하나
야속한 마음에 눈물이 난다

밤바다

하늘을 안고 어두워지기 시작한 바다는
검푸른 색을 만들어 낸다
태산같이 큰 포부를 다지고 누운 밤바다
심해 밑바닥에서부터 올라오는 서늘한 비탈에
별의 총총함을 쏟아 놓는다
낮의 온화함은 다 어디로 갔는가
하얀 포말은 연신 부풀어 올라 불집을 터트리고
흰 꽃을 피워 올린다
해변은 누군가의 허전한 고백과 넋두리로
벗어 놓은 허물을 뚱뚱하고 비겁한 웃음으로
바다에 고자질한다
무한한 무대에 한 톨 모래알 같은 인간
얼마나 무기력한가
세상의 아픈 소리에 휘말려
밤바다야 너는 호들갑 떨지 말기를

파도의 연가

하늘과 땅을 밝히는 달빛
철썩철썩 하얀 물결에
휘몰아치던 바람도
푸른 치마폭에 발을 담근다
흔적 없이 사라졌다간
금세 나타나는 포말
달빛에 취하고
밤바다에 취하고
아름다움의 향기일까
슬픔의 고뇌일까
흰 모자 쓴 파도 여인이
내 응석을 받아 준다

뱃고동

바람은 가슴을 열고
바다는 열병을 앓으며
기약 없는 이별에
긴 침묵만 흐른다

해변으로 휩쓸리며
싸늘하게 누워버린
뱃고동의 여운들
이따금씩 울며 허물어진다

너울마다 서러움 달래려
매달리며 몸부림치지만
그 흔적 지울 수 없다

바다에 절여진 시간들
뱃고동 소리에
밑으로 밑으로 가라앉는다

봄볕처럼

나의 모든 것들은
당신 향한 마음뿐입니다
온화하고 포근하고
따뜻한 기운이 감도는
화사한 봄볕 같은 사랑은
우리를 위해 존재합니다
푸른 하늘의 청아함과
봄꽃 향기를 당신에게 바칩니다
귀엽고 어여쁜 당신
내 마음을 가져가기에 충분합니다
내 목숨 다하는 날까지
나는 당신을 사랑하게 될 겁니다

빛

정처 없이 가고 싶다
못견디게 외로운 밤
뼛속 깊이 스며드는 아픔
불빛 하나 없는
적막한 공간
혼자만의 고독에
빛이 그립다
작은 문틈사이를 비집고 들어오는
용모 단정한 저녁 햇살은
휑한 공간의 내 고독을
야금야금 집어삼키고 있다
보잘 것 없는 데서 소중함이 느껴진다
내일 또 내일을 향해
비상의 나래를 펴자

인면수심

말에는 진실함이 있는 듯합니다
그러나
한손에 책을 들었습니다
그러나 한손엔 또 칼을 들었습니다
다정한 웃음이 있는 듯합니다
그러나
예의를 갖춘 듯합니다
그러나
독하기만 한 사람들
이런 사람들은 두발로 다니는
짐승이란 이름표가 어울리는 사람입니다

인면수심(人面獸心) : 【명사】 사람의 얼굴을 하고 있으나 마음은 짐승과 같다는 뜻으로, 마음이나 행동이 몹시 흉악함을 이르는 말.

커피

흔한 음료
그러나
커피 한 잔 하실래요
이러한 요청을 받으면
기대와 설렘으로 마음이 부푼다
잠시의 휴식이 있어서 좋고
함께라는 것도 좋다
얘기를 통해 나눠지는 교감
그 액체 속에는 따뜻한 마음이 녹아 있어
친분이 쌓이는지도 모른다
마주하며 한 잔의 커피를 편하게
마실 수 있는 사람이 있다면
분명 행복한 사람이다
커피가 주는 공유
그것을 사랑한다

파도의 꿈

바람도 바다처럼 시리도록 투명하다
눈앞이 뿌옇도록 달려드는 기억들도
눈 한번 깜빡이면 이내 뒤돌아 가고
벗어나려 몸부림치는
파도의 은빛 날개가 아름답다
간질거리는 옆구리에
느닷없이 숨찬 입술이 닿으면
몸을 뒤집어야 하는 애처로운 물고기처럼
아 힘겹게 버텨온 고백
어쩔 수 없는 지점에서 물거품이 되고 만다
뜨겁게 달궈진 바다를 품을 때마다
하얗게 사라져가는
파도의 몸부림이 어느 순간 나였을까
어디든 닿아야 한다
지친 기억들을 끌고
파도는 제 몸 부서지는 줄도 모르고
바깥쪽으로만 자꾸 자라고 있다

해변

바닷물에 늘 간지럼 타는 너
글썽이는 그리움이 있다
누군가가 만들어 놓은 흔적들
수없이 무너지고 지워지고
가슴 풀어 놓은 비밀스런
무성한 얘기
그래도 너는 토해내지 않는다
사랑도 주고
그리움도 주고
넓은 가슴으로 아픔까지 보듬어 주는 너
늘 출렁이는 가슴이 있어
외롭지 않다

혼불

벗지 못하는 허물
바동거림
켜켜로 쌓여진 욕망들이
현실에 갇혀 신음 소리를 내며
발버둥 친다
영혼의 넋
베베틀어 회오리 만들며
하늘로 올라간다
태양에 가려진 먹구름이
눈물되어 흘러내린다
칠십리길 돌고 돌아
슬프도록 파리해진
내 꿈들이여
지금은 모두가 하얗게
바래졌지만 작은
불씨라도 남아서
재가 되지 않기를

푸른 바다

태초의 전설에 神은 바다와 땅과 하늘을 만들었다
푸른 바다 푸른 초목 푸른 하늘
나도 푸른 사람이면 좋겠다
하늘은 높아서 좋고
땅은 넓어서 좋다
바다는 생명의 젖줄이다
바다가 푸른 것은 그 속에 네가 있기 때문이다
일출을 잉태하는 바다의 입김
바다는 아우성을 친다
푸른 물결의 그리움
신비한 세상
푸름은 희망이다
젖줄이 있어 생명을 잇는다

나의 응원군

까만 하늘에서 흘러내리는 달빛
그 가운데 아련히 당신의 모습이 보입니다
허한 내 가슴을 채워주는 사람
마음 귀퉁이 작은 아픔 하나도
얼른 알아차려서 쓰다듬어 주는 사람
나의 외로움 모른 척하지 않는
당신이 있어 마음 시리지 않습니다
하늘에 떠 있는 가장 큰 별
그것은 당신입니다
침묵 속에서도 언어가 있습니다
마음이 늘 당신께 머무르게 합니다
기대고 싶은 사람입니다
당신의 잔잔한 미소가
지쳐있는 내 마음을 스르르 녹입니다
온기가 있는 사람
그래서 내 마음 따뜻하게 채워줍니다

6부

삿갓시인

김 삿갓

작은 돌멩이 머물 곳 있고
풀포기 뿌리 내릴 곳 있건만
하늘이 부끄러웠던
삿갓시인의 지친 몸 누일 곳 없어
발길 닿는 곳
인정의 뜰에서
바람꽃 하나둘 피어났다
뿌리 없이 피기에
산수 깊은 고을이며
질펀한 저자거리
인생의 질곡 속에서
흔들리며 피었나니
그 향기가 일침―鍼이고
감로수甘露水였다
한때는 부끄러움이었으며
방황이었던 시향이
정갈한 뜰 청청한 소나무로
뿌리 내리었으니
삿갓 속에서 핀 서정이
남도의 혼으로 피어난다

황혼

뒤돌아보니
어느새 인생의 종착역인 것을
지나간 흔적들이 자꾸만
생각이 난다
미처 놓쳐버린 세월
생각지도 않았는데
허둥대다 가버린 날들
내일을 잊고 살았다
돌아올 수 없는 날들
잊으려 해도 잊을 수가 없다
내가 있어야 네가 있다는 걸
이제 너를 기다리지 않고
내일을 생각하고 살련다

봄

연분홍 꽃을 피우는 봄
작년에 떠난 너를 잊지 못하고
기다리다 지쳐버린 내 마음
다시 찾아온 너를 생각하면
내가 떠난 후에도 다시
오시려나
그대는
나의 아픔의 고통
잊으려 해도 잊을 수 없는 너를
두고 가야지
그대의 삶과 나의 삶 속에
모르는 삶까지
사랑하기로 했다

사랑

사랑합니다
지난겨울
찬 가슴에 불을 지펴
내 몸 구석구석
불꽃을 피워 주었습니다
짧고도 긴 시간은
내 삶의 모든 것
이제 욕심내지 않겠습니다
훗날에
행복한 미소를
남길 수 있었으면 좋겠습니다

마음

가져도
비워도 차지 않는 마음
탐욕을 버리고 해탈하고 싶다
외로움도
괴로움도
기쁨과 행복한 순간도
행복과 괴로움도 다 부질없는 것
알고도 행하지 못함이
인간의 마음이란 것
아무리 많은 것을 채워도
마음은 차지 않는다
이 세상 떠날 때 빈손으로 간다는 것
내가 네 마음이고
네 마음 내 마음인 것
이제 무상의 세계로 갈까나

금강산

금강산에도 봄은 온다
숲으로 가는 길
자유로운 몸으로
푸른 길을 걷고 있다
일만 이천 봉
팔만 구 암자
문필봉의 인연
봉마다 피어오르는 저 기상
빗속에 젖은 민족의 혼
푸른 잎사귀가 파란 하늘을 열고
그 색깔은 핏빛이다
백색과 흑색의 숱한 분열
죽음의 꽃잎으로 발자취로 남기고
만월의 잔치를 위해
꽃을 피우고
바람 부는
금강산에도 봄이 오려나

그리움

이슬이 맺혀있고
마음 달래주는 솔바람
너는 어디서 왔는가
아픔과 고뇌
몸은 땀으로 젖었고
풍경 소리는
산사에서 들려오는가
봄이 오는 소리
가슴에 묻어두고
그리움의 한 자락
바람에 전하고 싶다

민들레꽃

낮은 자리 지키고
노란 모습으로
숨 가쁘게
부르는 소리가 들린다
잠깐 쉬어 가라고
봄볕에 팽팽해진 얼굴 내밀며
어여쁜 미소로 반긴다
난쟁이의 열등의식은 보이지도 않는다
마음을 녹일 만큼
귀엽고 앙증스럽다
내년에도 태어나
노란 봄 만들어 주렴

한번만

한 번만
단 한 번만이라도
마음을 바꿀 수 있다면
누군가의 따뜻한 가슴이 되고
마음이 될 것인데
아집과 고집으로
따뜻한 아랫목 하나 없다면
외로움을 느낄 것이다
나는 높은 곳을 향해
가고 싶지만
생각을 바꾸지 못해
텅 빈 내 마음이
부끄러워 고개 숙인다

바람

바람 따라가고 싶다
꽃띠 시절에는
아름다운 이 세상을 몰랐다
길가의 풀잎 하나
돌멩이 하나
아름다워 보이지 않았다
사람은 저마다
노래를 부르며
키워간다지만
돌아올 수 없는 길을 가다가
돌아온다 해도
온몸을 씻고 씻어도
지워지지 않는 자국으로 남아
지금은 그 노래 소리
노을로 물들었네
기쁨은 한순간
바람 따라 가고 있다

녹차

여린 싹 촉촉함을 다 잃고
바싹 말라 슬펐으리라
이슬 머금고
노래 부르던
고향이 생각나
따뜻한 찻잔 속에서
서서히 우러나는
은은한 녹차의 향이
내 가슴을 녹이는
영롱한 이슬이구나

억새

끝없이 이어진 들판을
은빛 물결로
억새가 출렁인다

바람이 지난 자리마다
군락을 이루고
임 그리워 흐느끼듯
가녀린 몸으로 서걱대고 있다

먼 길 떠나는
나그네 설움을 매만지듯
잎사귀들 서로 비비대며
살풀이춤 추고 있다

바람 부는 평원
소리 없는 흔들림으로
가을은 깊어만 간다

기도

멀리 있어 닿을 수 없고
높이 있어 바라 볼수 없는
존귀한 나의 님
십자가의 핏빛
터질 듯 머금은 오직 한 가지 소망
만남이 인연이 되었고
임을 따르리라
간절한 이 마음
임에게로 달려가리라
주님에게로 가리라

연가 戀歌

낮과 밤은 서로를 낳는다
가슴에 다가오는 희망은
아무도 헤집지 못한다
봄 나뭇가지에 새로 돋는 새싹처럼
작은 잎새같이 살고 싶다
푸른 대나무 사이로 비춰오는
빛줄기가 눈부시지 않는가
새들의 즐거운 노랫소리는
연못을 메우고
내 기쁨은 봄날 같아
네 가슴에 꽃을 피우리라

독백 獨白

계단을 뛰어오르다 넘어져
아픈 상처 또 다쳤다
틈새로 새려는 마음
누가 가슴에 따듯한
온기가 스며들겠지
꽃이 아니라고 슬퍼하지 말자
흘러간 세월 되돌릴 수 없지만
겨울이 되고 봄이 되면
꽃이 피겠지
그런 날은 반드시 올 거야
미워하지는 않을 거야
시간이 지나면
나에게로 돌아올 거야
삶의 생기를 불러들여
웃으며 마주 볼 거야

자유

자유롭게 살고 싶다
갓 태어난 아이같이 울었지만
소용이 없었다
슬픔 뒤에 기쁨은
삶의 쓴맛을 느껴본 사람만이 안다
그래도
욕심 때문에 먹다 보면
쓴맛에 놀라 뱉어내면 다행이지만
미련한 사람 삼키면
고통으로 이어지는 고뇌
목 놓아 울고 가슴에 멍울만 남아
괴로워하겠지
자유롭게 살자
행복한 마음으로 멋지게 살자

토지 土地

넉넉한 토지는 생명을 잉태하고
푸근한 가슴으로 보듬으니
어진 어미의 품속이다
바다는 풍랑에 거칠고
허공은 빈 몸으로 차다만
쇠사슬처럼 얽매여도
토지의 넉넉함에 평온을 찾는다
이따금 하늘은 가슴을 찢고
동맥의 혈관을 끊기도 하지만
땅은 분노하거나 원한을 갖지 않으니
진정 자애롭다
기꺼이 다 내어주고 천명에 순응하니
꽃이 피고 새가 노래한다
왔다가 돌아갈 우리의 한 가지 소망은
토지土地를 닮고 싶다

내 삶의 연가

인쇄일   2019년 05월 10일
발행일   2019년 05월 15일

지은이   황갑윤
펴낸이   박철수
펴낸곳   도서출판 해암

등록번호   제325-2001-000007호
주소   부산광역시 중구 백산길 17, 삼성빌딩 702호
전화   051)254-2260, 2261
팩스   051)246-1895
E-mail.   haeambook@hanmail.net

값   10,000원
ISBN   978-89-6649-167-4   03810

* 본 도서는 2019년 부산문화재단 지역문화예술 육성지원사업의 일부 지원으로 제작되었습니다.

* 이 도서의 국립중앙도서관 출판예정도서목록(CIP)은 서지정보유통지원시스템 홈페이지(http://seoji.nl.go.kr)와 국가자료공동목록시스템(http://www.nl.go.kr/kolisnet)에서 이용하실 수 있습니다. (CIP제어번호: CIP2019017840)